BEI GRIN MACHT SICH IHR WISSEN BEZAHLT

- Wir veröffentlichen Ihre Hausarbeit, Bachelor- und Masterarbeit
- Ihr eigenes eBook und Buch - weltweit in allen wichtigen Shops
- Verdienen Sie an jedem Verkauf

Jetzt bei www.GRIN.com hochladen und kostenlos publizieren

Bibliografische Information der Deutschen Nationalbibliothek:

Die Deutsche Bibliothek verzeichnet diese Publikation in der Deutschen Nationalbibliografie; detaillierte bibliografische Daten sind im Internet über http://dnb.d-nb.de/ abrufbar.

Dieses Werk sowie alle darin enthaltenen einzelnen Beiträge und Abbildungen sind urheberrechtlich geschützt. Jede Verwertung, die nicht ausdrücklich vom Urheberrechtsschutz zugelassen ist, bedarf der vorherigen Zustimmung des Verlages. Das gilt insbesondere für Vervielfältigungen, Bearbeitungen, Übersetzungen, Mikroverfilmungen, Auswertungen durch Datenbanken und für die Einspeicherung und Verarbeitung in elektronische Systeme. Alle Rechte, auch die des auszugsweisen Nachdrucks, der fotomechanischen Wiedergabe (einschließlich Mikrokopie) sowie der Auswertung durch Datenbanken oder ähnliche Einrichtungen, vorbehalten.

Impressum:

Copyright © 2014 GRIN Verlag, Open Publishing GmbH
Druck und Bindung: Books on Demand GmbH, Norderstedt Germany
ISBN: 9783668352582

Dieses Buch bei GRIN:

http://www.grin.com/de/e-book/344976/qualitaet-und-evaluation-in-der-erwachsenenbildung

Martina Kellner-Fichtl

Qualität und Evaluation in der Erwachsenenbildung

GRIN Verlag

GRIN - Your knowledge has value

Der GRIN Verlag publiziert seit 1998 wissenschaftliche Arbeiten von Studenten, Hochschullehrern und anderen Akademikern als eBook und gedrucktes Buch. Die Verlagswebsite www.grin.com ist die ideale Plattform zur Veröffentlichung von Hausarbeiten, Abschlussarbeiten, wissenschaftlichen Aufsätzen, Dissertationen und Fachbüchern.

Besuchen Sie uns im Internet:

http://www.grin.com/

http://www.facebook.com/grincom

http://www.twitter.com/grin_com

Inhaltsverzeichnis
Einsendeaufgabe 1 2

Einsendeaufgabe 2 3

Einsendeaufgabe 3 7

Einsendeaufgabe 4 9

Literaturverzeichnis 11

Einsendeaufgabe 1

Was kann in einer Organisation das Handeln im Sinne des von Zech und Tödt beschriebenen Qualitätsethos befördern, was kann es behindern?

Zu Beginn erläutere ich den Begriff Qualitätsethos. Qualitätsethos bedeutet, dass die in der Erwachsenenbildung tätigen Personen auch Verantwortung für institutionelle Bedingungen übernehmen und so dafür Sorge tragen, dass die lernenden Individuen eine gelungene Bildung erfahren. Die Philosophie des Gelungenen steht im Vordergrund. Dies ist ein lebendiger Prozess, da sich Werte Wandeln, wandeln sich auch die Formen der Werte. (vgl. Zech/Tödt, 2012, S. 23)

Förderlich für das Handeln im Sinne des beschriebenen Qualitätsethos ist eine Haltung der Erwachsenenbildner, welche sich der Wichtigkeit von Qualität und Professionalität bewusst ist. Dies ist ein subjektiver Prozess in welchem das Gelingen der pädagogischen Arbeit des Erwachsenenbildners im Mittelpunkt steht. Wenn der Erwachsenenbildner ständig bemüht ist um die Weiterentwicklung und Qualitätssteigerung der Institution, seines Unterrichts sowie der Reflexion seiner eigenen Haltung, so ist dies für den beschriebenen Qualitätsethos befördernd. Das Handeln kann befördern, wer sich mit seiner Weiterbildungsinstitution und seinen eigenen Aufgaben identifizieren kann. Ebenso ist es förderlich, wenn er sich der Verantwortung gegenüber den lernenden Subjekten bewusst ist und sich selbst regelmäßig reflektiert oder von außen Feedback geben lässt. Erforderlich ist es, dass dem Erwachsenenbildner der Zweck und das Ziel seines Tuns klar sind und er Handlungen gefunden hat, welche zum Ziel führen können. Die Haltung gegenüber der Qualität in der Institution hängt vor allem von persönlichen Einstellungen zur eigenen Arbeit sowie der Einschätzung der Wichtigkeit des Qualitätshandelns ab. (vgl. Zech/Tödt, 2012, S. 23)

Wenn Bedarfsanalysen durchgeführt werden kann nahe an der Zielgruppe gearbeitet werden. Förderlich ist es, die Abläufe und Strukturen der Einrichtung an den Bildungsbedürfnissen der Lernenden auszurichten. Dies bedeutet nicht, dass diese starr festgeschrieben sind – dies würde wieder bremsend wirken – sondern, dass Strukturen und Regeln jederzeit so flexibel gehandhabt werden können, dass diese sich neuen Umweltanforderungen anpassen können. Vorteilhaft ist es ebenso, wenn sich der

Erwachsenenbildner zum Ziel gesetzt hat, sich persönlich und seine Arbeitsleistung weiterzuentwickeln. (vgl. Zech/Tödt, 2012, S. 24)

Seine Mitarbeiter vom Nutzen qualitativer Arbeit zu überzeugen ist wichtig, denn dann ist die Bereitschaft größer, Anstrengungen auf sich zu nehmen. Qualität als Haltung realisiert sich auf der Ebene der Interaktion und der Ebene der Organisation. Von Bedeutung ist hier ein gelingendes Lernen, bei welchem der Lehr-Lern-Prozess im Mittelpunkt steht. Das Lernen ist dann qualitätvoll gelungen, wenn es der Lernende für erfolgreich einschätzt und sein selbst gesetztes Ziel erreicht hat. Regelmäßiges Feedback von Lernenden ist also hilfreich, seine eigene Arbeitsleistung als Erwachsenenbildner zu evaluieren.

Behindernd kann es sein, wenn genau das Gegenteil des oben im Text erwähnten Inhalts der Fall ist. Dem Erwachsenenbildner die Institution, eine qualitative Unterrichtspraxis sowie Qualität und eigene Reflexion egal sind. Außerdem kann es bremsend sein, wenn die professionellen Kompetenzen der Erwachsenenbildner auf Grund äußerer Bedingungen nicht weiterentwickelt werden können. Gute äußere Bedingungen können durch finanzielle Kürzungen, steigende Konkurrenz und Zeitdruck bedroht sein, was sich wiederum negativ auf den beschriebenen Qualitätsethos auswirken kann. Auf der Ebene der Organisation kann es bremsend sein, wenn Zielgruppen und Lernziele-/interessen nicht genau definiert und berücksichtigt werden – es also an Kundenorientierung fehlt. Nachteilig kann es auch sein, wenn nur ein Teil der in der Organisation tätigen Erwachsenenbildner den Qualitätsethos für wichtig halten und die restlichen Kollegen nicht. Denn die Beteiligung aller durch die demensprechende innere Haltung ist wichtig für den Qualitätsentwicklungsprozess. (vgl. Zech/Tödt, 2012, S. 24)

Einsendeaufgabe 2

Entwickeln Sie praktische Vorschläge, wie freiberuflich beschäftigte Lehrende in die Qualitätsentwicklung eingebunden werden können. Berücksichtigen Sie dabei, dass die Lehrenden meist nur punktuell in der Organisation tätig sind und daher nur geringe zeitliche Ressourcen zur Verfügung stehen.

Vorerst möchte ich den Begriff Qualitätsentwicklung definieren.

„Qualitätsentwicklung" beschreibt einen Prozess, der auf die kontinuierliche Verbesserung von Qualität zielt. Qualitätsentwicklung zielt auf kontinuierliche

Reflexion der Bedingungen für Qualität. Dies bedeutet auch, die sich ständig verändernden Umweltbedingungen und –anforderungen, z. B. in Bezug auf Kundenbedürfnisse, im Blick zu behalten." (Zech/Tödt, 2012, S. VII Glossar)

Dies bedeutet, dass alle relevanten Personengruppen in den Prozess der Qualitätsentwicklung miteinbezogen werden sollen. Hier kann eine stakeholder Analyse eingesetzt werden. In vielen Bildungseinrichtungen sind über die Hälfte der Lehrenden auf Honorarbasis freiberuflich tätig. (vgl. Beywl/Balzer, 2014, S. 49)

Eine Möglichkeit, freiberuflich beschäftigte Lehrende in die Qualitätsentwicklung miteinzubeziehen ist die **Erstellung eines Fragebogens** für diese Mitarbeitergruppe. Dies bedeutet bezüglich der Erstellung und der Auswertung einen Aufwand, ist jedoch für die betreffende Personengruppe zeitlich und örtlich frei ein teilbar indem der Fragebogen mitgegeben und zu einem festen Datum im Sekretariat oder anonym wieder abgegeben wird – beispielsweise in einer Urne. Hier können die Wertvorstellungen und Erfahrungen der freiberuflich Tätigen sowie weitere Informationen erhoben werden.

Ebenso können **Fragebögen per Mail** weitergeleitet werden. Nach einer festgelegten Frist kann an alle eine Erinnerungsmail gesendet werden.

Des Weiteren kann ich mir die **Einführung eines „Ideenmanagements"** vorstellen. Dieses würde ich jedoch für alle Mitarbeiter, festangestellte und freiberufliche, einführen um einer Gleichbehandlung gerecht zu werden. Dabei handelt es sich um ein System, welches nach festen Regeln permanent die Ideen der Mitarbeiter fördert. Ich habe dies in meiner vorhergehenden Bildungseinrichtung, in welcher ich tätig war, als gewinnbringend erlebt. Es wurde hierfür ein Formular erstellt, in welchem jeder Mitarbeiter seine kreativen Ideen eingebracht und regelmäßig bis zu einem festgelegten Zeitpunkt abgegeben hat. Wichtig ist die Gleichbehandlung bei der Bewertung der Ideen. Dieses Instrument fördert die reflexive Haltung der Mitarbeiter, indem sich diese Gedanken bezüglich Verbesserungen im Unternehmen und somit auch bezüglich der Qualität machen. Die Mitarbeiter lernen auch von der „Kundenseite" aus zu denken. Die Ideen dienen sowohl dem Unternehmen als auch den Mitarbeitern, da es, abhängig vom Nutzen der eingebrachten Ideen, eine Prämie oder Anerkennung gibt. Dies steigert auch den Reiz für freiberufliche Mitarbeiter, sich daran zu beteiligen.

Stärkung der kollegialen Kommunikationsstrukturen zwischen freiberuflichen und festanagestellten Mitarbeitern. Beispielsweise durch das Angebot **gemeinsamer**

Fortbildungen. Dies kann dazu führen, dass freiberufliche Mitarbeiter eher bereit sind, mehr Zeit und Energie in ihre Tätigkeit am Bildungsinstitut zu investieren sowie die Bereitschaft zur Mitarbeit in Bezug auf die Qualitätsentwicklung steigert. Ebenso fördert dies die Einbindung in die Gesamtorganisation und somit evtl. auch die Identifikation mit dem Bildungsinstitut.

Regelmäßige aber nicht zu häufige **gemeinsame Treffen** (freiberufliche und festangestellte Mitarbeiter), vor allem zu Beginn der Qualitätsentwicklung oder bei Neuerungen, zum Informationsaustausch und Mitteilung des Qualitätsentwicklungsstandes. Die **Teilnahme** an diesen Treffen soll **als Arbeitszeit** gelten und dementsprechend **Honorierung** finden. Dies fördert die Motivation der freiberuflich Tätigen daran teilzunehmen und die Transparenz aller Mitarbeiter, damit alle einen gleichen Wissensstand besitzen. Nur so ist es möglich gemeinsam und erfolgreich die gesetzten Ziele/Veränderungen zu verfolgen.

Die freiberuflich Tätigen Mitarbeiter sollen am Ende ihrer Lehrveranstaltung einen von der **Bildungseinrichtung erstellten Feedbackbogen** anonym von den Lernenden ausfüllen lassen und zur Auswertung im Sekretariat abgeben. Hierbei ist es wichtig, den freiberuflich Tätigen mitzuteilen, dass dieses Instrument zur Qualitätsentwicklung nicht zur Kontrolle, sondern zur Steigerung der Qualität dienen soll. Da dies beispielsweise die letzten 15 Minuten vor Lehrgangsende durchgeführt werden kann, entsteht dem freiberuflich Tätigen kein zeitlicher Zusatzaufwand.

Auch die Einführung des **kontinuierlichen Verbesserungsprozesses** kann ich mir vorstellen. Dies kann ein Formular sein, welches für alle Mitarbeiter zugänglich ist und in welches jeder Mitarbeiter bei Bedarf seinen möglichen Verbesserungsvorschlag einbringt und im Sekretariat abgibt. Anschließend erfolgt durch die zuständige Person/-en eine Auswertung und Rückmeldung an den einreichenden Mitarbeiter.

Ein weiteres Instrument sind **regelmäßige Referentenbewertungen**. Dies wurde in meiner vorhergehenden Bildungseinrichtung, in welcher ich tätig war, ebenso angewendet. Vierteljährlich besuchte die Seminarleitung die jeweils eingesetzten Dozenten für eine Stunde im Unterricht, füllte ein passendes Qualitätsmanagementformular hierzu aus und besprach dies nach Unterrichtsende mit dem Dozenten. Die Seminarleitungen, welche die Bewertung durchführten erhielten hierzu vorher eine Fortbildung. Die personenzentrierte Gesprächsführung welche die Variablen

Echtheit, Empathie und Wertschätzung beinhaltet, war hier sehr hilfreich. Der Dozent konnte dann noch selbst schriftliche Anmerkungen auf dem Formular vornehmen. Die Gespräche dauerten von ca. 15 -45 Minuten, ein vertretbarer Zeitaufwand.

Ebenso kann ich mir ein regelmäßig **halbjährlich erscheinendes Informationsblatt** für alle Mitarbeiter als gewinnbringend vorstellen. Hierin sollte der Stand der Qualitätsentwicklung, der Zielfindungsprozess, angedachte Veränderungen … aufgenommen werden. Dieses Informationsblatt kann jedem Referenten mitgegeben werden und er entscheidet wann und wo er es lesen möchte.

Auch die **Einrichtung einer Telefonhotline** stellt eine Möglichkeit dar. Somit können freiberuflich Tätige den Fragebogen telefonisch beantworten und evtl. mündliche Kommentare hinzufügen. (vgl. Beywl/Balzer 2014, S. 171)

Für die vorgeschlagenen Maßnahmen ist es sinnvoll eine schnelle Rückmeldung zu ersten Ergebnissen zuzusichern und „Incentives" in Aussicht zu stellen, da diese den Anreiz zur Teilnahme steigern. (vgl. Beywl/Balzer 2014, S. 171)

Einsendeaufgabe 3

Nennen Sie Merkmale, die wissenschaftliche Evaluation von Alltagsbewertung unterscheiden.

Alltagsbewertung unterscheidet sich zur wissenschaftlichen Evaluation wie folgt:

Die wissenschaftliche Evaluation dient zur Bestimmung eines Wertes (Tauglichkeit Güte) von einem Evaluationsgegenstand. Hierbei werden sozialwissenschaftliche Verfahren zur systematischen Untersuchung angewendet. Voraussetzung hierfür ist systematisches Beschreiben. Informationen, welche durch die Untersuchungsmethode gewonnen wurden, sollen überprüf- und nachvollziehbar sein. Bei der wissenschaftlichen Evaluation werden Erhebungsinstrumente eingesetzt die bestimmten Gütekriterien entsprechen sollen. Bei wissenschaftlicher Evaluation müssen die verwendeten Begrifflichkeiten genau definiert sein und es muss klar sein auf welche Kriteriendimension sich diese beziehen. Bei wissenschaftlicher Evaluation werden beispielsweise die Kriterien nach den DeGEval-Standards angewandt. Dies sind die Nützlichkeit, die Durchführbarkeit, die Fairness und die Genauigkeit. Diese vier Kriterien werden nun nach den Standards der Deutschen Gesellschaft für Evaluation e. V. zitiert: „Die Nützlichkeitsstandards sollen sicherstellen, dass sich die Evaluation an den geklärten Evaluationszwecken sowie am Informationsbedarf der vorgesehenen Nutzer und Nutzerinnen ausrichtet" (DeGEval-Deutsche Gesellschaft für Evaluation e. V. 2008, S.10) „Die Durchführbarkeitsstandards sollen sicherstellen, dass eine Evaluation realistisch, gut durchdacht, diplomatisch und kostenbewusst geplant und ausgeführt wird." (DeGEval-Deutsche Gesellschaft für Evaluation e. V. 2008 S.11) „Die Fairnessstandards sollen sicherstellen, dass in einer Evaluation respektvoll und fair mit den betroffenen Personen und Gruppen umgegangen wird." (DeGEval-Deutsche Gesellschaft für Evaluation e. V. 2008, S. 11) „Die Genauigkeitsstandards sollen sicherstellen, dass eine Evaluation gültige Informationen und Ergebnisse zu dem jeweiligen Evaluationsgegenstand und den Evaluationsfragestellungen hervorbringt und vermittelt." (DeGEval-Deutsche Gesellschaft für Evaluation e. V. 2008 S. 12) Eine wissenschaftliche Evaluation soll also umfassen und objektiv durchgeführt werden. All dies ist bei der Alltagsbewertung nicht der Fall. In der Alltagsbewertung wird keine sozialwissenschaftliche Untersuchungsmethode angewendet, welche systematisch und objektiv ist. Nur dann kann eine wissenschaftliche Evaluation valide sein. Damit eine wissenschaftliche Evaluation durchgeführt werden kann bedarf es also eines Experten und es kann nicht von irgendeiner Person im Alltag wissenschaftlich evaluiert werden. Die geforderten Kompetenzen, welche für die angemessene Durchführung von Evaluationen erforderlich sind, wurden durch verschiedene Evaluationsgesellschaften festgeschrieben. (vgl. Beywl/Balzer, 2014, S. 6, 152ff)

Ich beziehe mich im Folgenden auf die Deutsche Gesellschaft für Evaluation e. V. (DeGEval). Diese fordert:

„Neben der Befähigung zur empirischen Untersuchungstätigkeit werden namentlich Kompetenzen zur Analyse von Situationen und Kontext, zum Projektmanagement, zur reflexiven Praxis und im Bereich der interpersonellen und interkulturellen Kommunikation gefordert." (Beywl/Balzer, 2014, S. 8)

Dies bedeutet, dass wissenschaftliche Evaluation mehr ist als eine Sozialwissenschaft. Der Experte muss nicht nur Fachwissen besitzen sondern auch persönliche und soziale Qualifikationen wie beispielsweise Konflikt- und Kommunikationsfähigkeit. (vgl. Beywl/Balzer, 2014, S. 8)

Einsendeaufgabe 4

Diskutieren Sie die Vor- und Nachteile von Mehr- gegenüber Gruppendesigns (am Beispiel: Einführung eines neuen IT-gestützten Lehrmittels).

Vorerst definiere ich die Begrifflichkeiten.

Lehrmittel sind Unterrichtsmittel, die normalerweise in der Bildungseinrichtung verbleiben und vom Lehrenden für die Unterrichtsgestaltung genutzt werden. Als Beispiel für ein IT-gestütztes Lehrmittel wähle ich den Einsatz von Laptops mit Internetzugang für die Teilnehmenden der Maßnahme einer Wiedereingliederung in den Arbeitsmarkt. Vorher fand die Maßnahme ohne Laptops statt. Nun können die Teilnehmer ihre Bewerbungsunterlagen während der Maßnahme erstellen und nicht wie vorher – theoretischen Unterricht in der Bildungseinrichtung und das Erstellen der Bewerbungsunterlagen zu Hause.

Das Erhebungsdesign bezieht sich auf die zeitliche und logistische Strukturierung eines Evaluationsprojekts. Hier wird unterschieden zwischen Mehrgruppendesigns und Ein-Gruppen-Designs. Das Ein-Gruppen-Design wird weiter unterteilt in Ein-Gruppen-Design mit Posttest-Messung, Ein-Gruppen-Design mit Pretest-Messung und Posttest-Messung, Ein-Gruppen-Design mit Pretest-Messung/Verlaufsmessungen/Posttest-Messung und Ein-Gruppen-Design mit Zeitreihe. Das Mehr-Gruppen-Design wird unterteilt in Kontrollgruppendesigns, Vergleichsgruppendesigns, Mehr-Gruppen-Design mit Pretest und Posttest-Messung, Mehr-Gruppen-Design mit Pretest-Messung und Posttestmessung mit Erweiterung der Anzahl der Maßnahmengruppen oder zusätzlich mit Verlaufsmessungen oder Zeitreihen wie beim Ein-Gruppen-Design. (vgl. Beywl/Balzer, 2014, S. 82ff)

Beim Ein-Gruppen-Design erfolgt kein Vergleich mit anderen Personengruppen oder Maßnahmen. Der Blick richtet sich vorwiegend auf die zu evaluierende Maßnahme. Dies würde bedeuten, dass nur die Maßnahme der Wiedereingliederung untersucht wird. Bei den Mehr-Gruppen-Designs wird die Gruppe der Personen, welche an der evaluierenden Maßnahme teilnimmt und weitere Vergleichsgruppen untersucht, welche ähnlich sind. Dies dient dazu um zu überprüfen, ob die Effekte überwiegend bei der teilnehmenden Gruppe oder auch bei den Vergleichsgruppen auftreten. Dies hilft besser herauszufinden, worauf die Effekte zurückzuführen sind. Das würde für das Beispiel bedeuten, dass die Personengruppe der Wiedereinsteiger, welche die Maßnahme besuchen, sowie weitere Vergleichsgruppen untersucht werden. Nun kann herausgefunden werden, ob der Effekt, dass nun die Bewerbungsunterlagen auf den Laptops während des Unterrichts erstellt werden, auf die Laptops zurückzuführen ist, oder ob dies mit der Personengruppe zusammenhängt. Je nachdem wie das Ergebnis bei den Vergleichsgruppen ausgefallen ist. Meist sind Mehr-Gruppen-Designs jedoch teurer als das Ein-Gruppen-Design mit beispielsweise Posttest-Messung. Das Ein-Gruppen-Design mit Posttestmessung hat den Vorteil, dass es einfach angewendet werden kann und geringere Kosten verursacht. Um Herauszufinden wo Verbesserungspotenzial liegt, so kann das Ein-Gruppen-Design mit Posttest-Messung seine Stärken zeigen. Das Ein-Gruppen-Design mit Posttestmessung ist jedoch weniger geeignet, Veränderungen möglichst genau zu bestimmen. Hier sind das Ein-Gruppen-Design mit Pretest-Messung und Posttest-Messung sowie das Ein-Gruppen-Design mit Pretest-Messung/Verlaufsmessungen/Posttest-Messung sinnvoller. Das letztgenannte Design eignet sich besonders um über die Veränderungsmessung hinaus noch weitere Infos über den Verlauf eines Seminars zu erhalten. Dieses Design eignet sich auch um mögliche Modifikationshinweise zu erhalten. Jedoch können die Einflüsse von außen, die mit der Maßnahme zwar nichts zu tun haben, aber dennoch Einfluss auf die Maßnahme haben, kaum bestimmt werden. In dem gewählten Beispiel kann es sein, dass die Teilnehmer nun tolle Bewerbungsunterlagen erstellen und der Erfolg evtl. auf die Maßnahme und den Einsatz der Laptops zurückzuführen ist. Es kann jedoch auch sein, dass viele der älteren Teilnehmer vermehrt Hilfe von ihrem Dozenten erhalten haben und dieser viel mitgewirkt hat bei der Erstellung der Bewerbungsunterlagen. Mit Ein-Gruppen-Designs lässt sich meist kein ursächlicher, kausaler Zusammenhang zwischen Wirkung und Maßnahme belegen, da Außeneinflüsse nicht sicher bestimmt werden können. Wenn der Prozessablauf oder der Endzustand einer Maßnahme beschrieben werden soll, so sind Ein-Gruppen-Designs hilfreich, da sie wichtige Erkenntnisse liefern. Sie sind auch eine Möglichkeit vorerst herauszufinden, ob es zeitlich, finanziell und ergebnisbezogen gewinnbringend ist, ein anspruchsvolleres Design einzusetzen, welches mit höherem Aufwand verbunden ist. Wenn empirische Wirkungsnachweise geführt werden sollen, so sind Mehr-Gruppen-Designs sinnvoll, da mit ihnen herausgefunden werden kann, ob der Lernzuwachs nachweislich auf eine Maßnahme zurückführen ist. (vgl. Beywl/Balzer, 2014, S. 82-96)

Literaturverzeichnis

Beywl, W./ Balzer, L. (2014): 2., aktualisierte und überarbeitete Auflage. Evaluation in der Weiterbildung. Studienbrief Nr. EB 0720 des Fernstudiengangs Erwachsenenbildung der TU Kaiserslautern. Unveröffentlichtes Manuskript. Kaiserslautern

Zech, R./ Tödt, K. (2012): 1. Auflage. Gelungenes Lernen- Qualität und Qualitätsmanagement in der Weiterbildung. Studienbrief Nr. EB 0710 des Fernstudienganges Erwachsenenbildung der TU Kaiserslautern. Unveröffentlichtes Manuskript. Kaiserslautern.

DeGEval- Gesellschaft für Evaluation e. V. (2008): Standards für Evaluation (4th ed.). Mainz: DeGEval.

BEI GRIN MACHT SICH IHR WISSEN BEZAHLT

- Wir veröffentlichen Ihre Hausarbeit, Bachelor- und Masterarbeit
- Ihr eigenes eBook und Buch - weltweit in allen wichtigen Shops
- Verdienen Sie an jedem Verkauf

Jetzt bei www.GRIN.com hochladen und kostenlos publizieren